10.

ORDONNANCE DU ROY,

our la Levée de Vingt-trois mille quatre cens hommes de Milice dans les Provinces du Royaume, qui seront divisez en Trente-neuf Bataillons de six cens hommes chacun.

Du 15. Janvier 1719.

A PARIS,

DE L'IMPRIMERIE ROYALE.

M. DCCXIX.

Du 15. Janvier 1719.

ORDONNANCE DU ROY,

Pour la Levée de Vingt-trois mille quatre cens hommes de Milice dans les Provinces du Royaume, qui feront divifez en Trente-neuf Bataillons de fix cens hommes chacun.

Du 15. Janvier 1719.

DE PAR LE ROY.

A MAJESTÉ à fon avenement à la Couronne, avoit efté obligée, pour ménager les Finances, & pourvoir à ce que la fubfiftance des Troupes foit regulierement payée, de diminuer le nombre de celles que le feu Roy fon Bifayeul avoit jugé à propos de conferver aprés la Paix de Bade, Et de fe reduire à un nombre de Troupes moindre que celuy qui avoit efté confervé aux Paix precedentes, ne laiffant fur pied que ce

A ij

qui eftoit indifpenfablement neceffaire pour la garde des Places & la feureté des Frontieres ; Mais la fituation prefente obligeant Sa Majefté de mettre une partie de fes Troupes en Campagne, Elle a crû que pour éviter la dépenfe des nouvelles levées, il convenoit de mettre fur pied Trente-neuf Bataillons de Milice, fuivant ce qui s'eftoit pratiqué dans la Guerre terminée par la Paix de Rifwick, perfuadée que la Levée s'en fera plus aifement lorfque les Soldats feront informez qu'ils ne font deftinez que pour la garde des Places pendant la Campagne, qu'ils retourneront dans leurs Parroiffes pendant l'hyver, & qu'ils feront commandez par des Officiers reformez de leur mefme Province. Ces confiderations ont determiné SA MAJESTÉ, de l'avis de Monfieur le Duc d'Orleans Regent a ordonner.

ARTICLE PREMIER.

QUE chaque Bataillon fera compofé de dix Compagnies de foixante hommes chacune, commandées par des Capitaines & Lieutenans reformez des mefmes Provinces, qui auront à leur tefte un Lieutenant-Colonel auffi reformé d'Infanterie pour commander lefdits Bataillons, lefquels feront employez à la garde des Places Frontieres, afin d'en pouvoir tirer les Troupes de Campagne qui feront deftinées à fervir dans les Armées.

II.

QUE les Gouverneurs & Lieutenans Generaux en fes Provinces, Et les Intendans des Generalitez & Provinces Frontieres à qui la prefente Ordonnance fera adreffée, s'employeront inceffamment à ce qui eft à faire pour la Levée defdites Milices, en conformité de l'Eftat qui fera joint à la prefente pour les informer du nombre de Compagnies & de Bataillons que Sa Majefté veut eftre levez dans l'Eftenduë de chaque Generalité, ils s'appliqueront à regler les Parroiffes qui devront fournir les Soldats de

Milice

Du 15 Janvier 1719.

5

Milice qui compoſeront les Compagnies.

III.

LEDIT Eſtat contenant le nombre d'hommes que Sa Majeſté demande de leurs départemens ; eſt moindre en chaque Generalité que celuy des Parroiſſes qui la compoſent, ce qui a eſté ainſi ordonné afin que les Villages moins forts puiſſent eſtre exempts d'en fournir ; Et ils informeront Sa Majeſté de ceux qui en auront eſté dechargez, en luy envoyant des Eſtats des ſoixante Villes ou Villages qui ſeront les plus a portée les uns des autres pour fournir les ſoixante hommes qui devront compoſer une meſme Compagnie, afin que quand on voudra l'aſſembler ils puiſſent ſe rendre dans le lieu qui ſera choiſi pour cette fin, ſans eſtre obligez de découcher, ou qu'ils ne découchent au plus qu'une nuit pour s'y rendre.

IV.

PERMET néantmoins Sa Majeſté aux Intendans, d'en faire fournir tel nombre qu'ils jugeront à propos dans les Villes & Parroiſſes conſiderables, & dans leſquelles il y à un grand nombre de garçons propres à porter les Armes ; ce qui donnera le moyen de conſerver la proportion & de ſoulager les Parroiſſes qui ne ſeront point en eſtat d'en fournir.

V.

LES Intendans ayant ainſi reglé les Parroiſſes qui devront fournir les Soldats, ils informeront les Gouverneurs des Provinces où la Generalité s'eſtend, du nombre de Compagnies qui devront eſtre miſes ſur pied dans leurs Gouvernemens, Et en leur abſence les Lieutenans Generaux pour Sa Majeſté eſdits Gouvernemens, afin qu'ils tiennent la main à la levée des Soldats deſdites Compagnies, Et à ce qu'ils ſoient receûs & logez dans les Villes & lieux qui ſeront choiſis pour les aſſembler, & qu'ils y vivent en bonne diſcipline & police.

B

VI.

LESDITS Intendans avertiront les Maires, Efchevins, Confuls, Syndics ou Marguilliers de chacune des Parroif-fes qui auront à fournir des hommes, afin que le Diman-che fuivant, à la fortie de la grande Meffe & en la forme qui fe pratique pour les affaires communes, ils nomment tous les hommes non mariez de la Parroiffe, qui feront au moins de l'âge de vingt ans, & point plus âgez que qua-rante, de la taille au moins de cinq pieds de hauteur & en eftat de bien fervir, lefquels hommes ils feront tenus de choifir dans leur Communauté, fans qu'il leur foit loi-fible d'en prendre d'eftranger, ni de faire aucune dépenfe à l'occafion de la nomination & choix de celuy ou de ceux qui devront fervir.

VII.

S'IL ne fe trouvoit pas dans lefdites Parroiffes un nombre de garçons fuffifant, l'Intention de Sa Majefté eft qu'à leur deffaut il foit choifi de jeunes hommes ma-riez de l'âge & qualité cy-deffus prefcrite.

VIII.

LORSQUE le choix defdits hommes fera fait, ils feront affemblez au jour & à l'heure qui leur fera in-diquée par les Intendans, pour les faire tirer au fort en leur prefence ou de ceux qui feront par eux commis, Et ils donneront enfuite ordre aux garçons à qui il écherra de fervir dans lefdites Milices, de fe difpofer à fe rendre le jour qui leur fera prefcrit au lieu où s'affemblera la Compagnie dont ils devront eftre, Et cependant ils leur deffendront de s'abfenter de la Parroiffe pour plus d'un ou deux jours fans la permiffion du Maire ou Efchevin, Conful ou Syndic du lieu, à peine d'eftre feverement chaftiez.

IX.

LES garçons qui pour s'exempter de tirer avec les au-tres à la Milice s'abfenteront de leurs Parroiffes, où ceux qui aprés avoir esté nommez viendront à deserter, soit avant ou aprés le depart, ou qui auront fait des engagemens simulez, seront arrestez & mis en prison, d'où Sa Majesté a resolu de les faire passer aux Colonies, Et les Officiers des Troupes qui auront donné lesdits engagemens seront cassez & privez de leurs Charges, Sa Majesté leur deffendant tres expressement d'engager aucun desdits Soldats de Milice; sur les mesmes peines; Et les Parroisses dont seront ceux qui auront deserté aprés leur nomination, seront obligées d'en envoyer d'autres en leur place.

X.

Si quelque Parroisse prenoit un Estranger, au lieu d'un homme du lieu, celuy qui se seroit engagé sera mis en prison, d'où Sa Majesté a resolu de le faire aussi passer aux Colonies, Et la Parroisse au lieu d'un homme en fourniroit trois.

XI.

Ceux qui seront nommez pour la Milice, ne seront engagez que pour la Campagne & jusques au retour du Bataillon l'hyver d'aprés dans la Province. Voulant Sa Majesté que les Peres desdits garçons soient exempts de la Taille pendant l'année de leur Service, si leur cotte est au-dessous de vingt livres, Et en cas qu'elle soit plus forte, qu'ils payent seulement l'excedent.

XII.

Les Gouverneurs ou Commandans des Provinces & les Intendans commettront dans chaque Election, outre ceux qui sont ordinairement employez pour ces levées, quelques personnes parmi la Noblesse & de ceux qui ont servi, pour voir avec les Lieutenans-Colonels qui devront commander les Bataillons si le choix des hommes se fait avec égalité, & si ceux que l'on propose sont suffisamment bons pour servir dans une Place.

B ij

XIII.

LE choix des hommes eſtant fait & partagé par Compagnie, on remettra au Capitaine un Controlle du nombre des Soldats qui la compoſeront, où il ſera porté, un tel, d'une telle Parroiſſe, de tel âge, de telle taille ; lequel Controlle ſera fait double, dont l'un ſera remis au Capitaine, ſigné de ceux qui auront eſté employez à la levée de ſa Compagnie, Et l'autre que le Capitaine ſiſignera, par lequel il declarera que tel nombre d'hommes luy a eſté fourni.

XIV.

APRÉS que les hommes auront eſté choiſis en la maniere cy-deſſus expliquée, le Capitaine ſera obligé de les recevoir, Et il ne pourra donner congé aux Soldats que par la permiſſion du Commandant de la Province ou de l'Intendant : Si un Soldat vient à deſerter ou à mourir, il faut qu'il prenne des Certificats des lieux pour le juſtifier, & qu'il en informe l'Intendant pour qu'il envoye un autre homme pour le remplacer, ſi le Bataillon dont il ſera ſe trouve à portée, & à ſon retour dans la Province il ſera obligé de rendre compte de ceux qui luy manqueront, & s'il en eſt reſté de malades dans les Hoſpitaux il en rapportera des Certificats.

XV.

L'ASSEMBLÉE de chaque Compagnie de Milice ſe fera dans le lieu que l'Intendant verra eſtre le plus convenable, qu'il propoſera à Sa Majeſté afin qu'Elle faſſe expedier les ordres pour recevoir & loger les Officiers & Soldats de ladite Compagnie, qui ſera compoſée d'un Capitaine, d'un Lieutenant, de deux Sergens, trois Caporaux, trois Anſpeſſades, cinquante-un Fuſilliers & un Tambour ; Ces Officiers ſeront non ſeulement de la meſme Generalité, mais encore de la meſme Election autant que faire ſe pourra ; Et au cas qu'il y ait trop d'Officiers

dans

Du 15. Janvier 1719.

9

dans la mefme Generalité ou Election; & que dans la
prochaine il n'y en ait pas fuffifamment, on y fuppléera
par celle qui en fera la plus prés & qui en aura de trop.

XVI.

SA MAJESTÉ nommera inceffamment les Officiers
dont Elle aura fait choix pour fervir dans les Bataillons
de Milice, en leur marquant la Generalité où ils font
deftinez; Et du moment que la repartition des Compagnies par Election fera faite on leur marquera precife-
ment le lieu de l'affemblée de leur Compagnie, & le
temps qu'il faudra qu'ils s'y rendent.

XVII.

LORSQU'UNE Compagnie fe trouvera affemblée, le
Capitaine en fera une reveüe pour bien examiner & con-
noiftre les Soldats qui la compoferont ; Il choifira entre
ceux qui auront déja fervi, les deux qu'il croira les plus
capables pour eftre Sergens, & les fera reconnoiftre à ladite Compagnie en ladite qualité; Il choifira auffi les fix
Soldats qu'il croira les plus propres pour eftre Caporaux
& Anfpeffades, & un pour eftre Tambour de ladite Compagnie.

XVIII.

L'ESTAT Major de ces dix Compagnies fera compofé
d'un Lieutenant-Colonel reformé, qui fera choifi entre
ceux qui ont le plus de fervice, d'un Major & d'un Ayde-Major qui ayent déja rang de Capitaines, & qui ayent
fervi en cette qualité, autant que faire fe pourra.

XIX.

SA MAJESTÉ veut bien fe charger de la fubfiftance
& de l'armement defdits Bataillons, mais Elle entend que
les Parroiffes fourniffent leur habillement ; Les Sergents
auront un habit de drap , & les Soldats feulement un
Surtout de gros coûtis, une culotte de mefme, le tout
doublé , des gueftres de toile , un chapeau , une paire
de fouliers, deux chemifes avec deux cravattes , & un

havrefac ; à l'effet dequoy toutes lefdites Parroiffes remettront entre les mains de la perfonne commife par
l'Intendant la fomme de Vingt-cinq livres pour eftre em-
ployée à l'Equipement de chaque Sergent & Soldat , laquelle fomme fera payée par les Habitans au fol la livre
de la Taille, & prife par preferance à toutes impofitions.

X X.

Les Compagnies feront payées des fonds de l'Extraor-
dinaire des Guerres, du jour de l'affemblée de la Compagnie dans le lieu qui leur aura efté marqué, pour aller
de là joindre le corps du Bataillon, dans les Generalitez
feulement; Et à l'égard des Pays d'Eftat, du jour qu'ils
fortiront de la Province; Sçavoir, le Capitaine à raifon
de cinquante fols par jour, le Lieutenant de vingt fols,
le Sergent de dix fols, le Caporal fept fols fix deniers,
l'Anfpeffade fix fols fix deniers; le Soldat cinq fols fix deniers & le Tambour fept fols fix deniers, fur lefquels il
fera retenu fix deniers pour fervir à la chauffure & petit
entretien du Soldat & reparations de fes Armes, au cas
qu'elles déperiffent par fa faute ; Et avant le départ defdits Bataillons de Milice du lieu où ils auront efté en
Garnifon , les Capitaines feront tenus de faire en prefence du Commiffaire le Decompte à chaque Soldat des
fix deniers de retenuë, & d'en rapporter un Certificat à
l'Intendant de la Province dans laquelle ledit Bataillon
aura efté levé, à peine d'eftre obligé de payer en entier
le montant de ladite fomme.

X X I.

A l'égard de l'Eftat Major, le Lieutenant - Colonel
outre fa paye de Capitaine , recevra en ladite qualité
quarante fols par jour, le Major Trois livres fix fols huit
deniers & l'Ayde-Major Trois livres.

X X I I.

Sa Majesté a bien voulu accorder à ces Bataillons, lorfqu'ils marcheront, la mefme augmentation de

folde qu'aux vieilles Troupes; Et lefdits Bataillons n'ef-
tant pas comme elles pourvûs de Pots & de Marmites,
l'Intention de Sa Majefté eft qu'il leur foit fourni par les
hoftes chez qui ils feront logez dans leurs routes, des
Pots & des Marmites pour cuire leur viande.

XXIII.

QUAND lefdits Bataillons feront retournez dans les
Provinces & les Soldats renvoyez chez eux, les Officiers de ces Bataillons y recevront durant l'hyver la mefme paye de leur reforme, qu'ils ont touché jufques au-
jourd'huy pour toute l'année.

XXIV.

LES Bataillons marcheront entr'eux fuivant l'ancienneté du Regiment d'où aura efté le Lieutenant-Colonel
qui fera à leur tefte; Les Capitaines des Regimens au-
jourd'huy en pied marcheront entre eux par ancienneté
de Regiment; enfuite ceux des Regimens conservez à la
Paix de Rifwick & reformez à la Paix de Bade; Et pour
ceux de nouvelle levée ils marcheront entr'eux fuivant
l'ancienneté de leurs Commiffions, il en fera ufé de
mefme pour les Lieutenans.

XXV.

LES Lieutenans-Colonels & les Majors feront obligez
d'avoir un Controlle General fignalé de tous les Soldats
du Bataillon, Et les Majors en arrivant dans les Places
où ils devront eftre en Garnifon, en donneront un double aux Commiffaires des Guerres, qui feront toutes leurs
Revües par appel conformement aufdits Controlles; Et
lorfqu'ils remarqueront quelque difference, ils en informeront l'Intendant de la Province dont fera le Bataillon.

XXVI.

SI l'on eft obligé de donner quelque Congé à des
Soldats pour s'abfenter, il fera figné du Lieutenant-Co-
lonel, du Major, du Capitaine & du Commiffaire des
Guerres.

XXVII.

SA MAJESTÉ donnera ſes ordres pour qu'il ſoit fourni pour l'armement de chaque Soldat, un fuſil & une bayonnette, leſquelles ils remettront à la fin de la Campagne dans les Magaſins où il leur ſera ordonné ; Et les Commandans & Majors des Bataillons demeureront reſponſables du déperiſſement deſdites Armes, ſi elles ne ſont pas rendües en bon eſtat.

XXVIII.

COMME par le Reglement du 4. Fevrier 1716. les Parroiſſes ſujettes au Guet & à la Garde des Coſtes, ſont exemptes de fournir des hommes pour la Milice de Terre, l'Intention de Sa Majeſté eſt que leſdites Parroiſſes ne ſoient point compriſes dans la preſente Levée.

MANDE & Ordonne Sa Majeſté aux Gouverneurs & ſes Lieutenans Generaux en ſes Provinces, & auſdits Intendans de s'employer chacun à ſon égard & ſelon qu'il leur eſt preſcrit & ordonné par la preſente à ſon entiere execution : Ordonne auſſi Sa Majeſté aux Gouverneurs de ſes Villes & Places, & à tous Baillifs, Seneſchaux, Prevoſts, Juges, leurs Lieutenans & autres ſes Officiers qu'il appartiendra, de tenir la main à ladite Execution. FAIT à Paris le quinziéme jour de Janvier mil ſept cens dix-neuf. *Signé* LOUIS. *Et plus bas,* LE BLANC.

ESTAT

ESTAT des Compagnies de Milices de Soixante hommes chacune, que le Roy fait lever dans les Provinces & Generalitez de son Royaume, pour en composer Trente-neuf Bataillons de dix Compagnies chacun, conformement à son Ordonnance du 15. du present mois.

PREMIEREMENT dans la Generalité de Paris, Vingt-huit Compagnies, faisant Seize cens quatre-vingt hommes, dont il sera composé deux Bataillons de dix Compagnies chacun.

Un desdits Bataillons ira en Garnison. . . à Lille.

Et l'autre . . . . à Charlemont & Givet.

Les Huit Compagnies restantes seront jointes à une Compagnie de la Generalité d'Amiens, & à une autre de la Generalité de Soissons, pour en composer aussi un Bataillon de dix Compagnies, qui sera envoyé . . à Mezieres.

Dans la Generalité d'Amiens, Onze Compagnies, faisant Six cens soixante hommes, dont il sera composé un Bataillon de dix Compagnies, qui ira . . . . à Dunkerque.

La Compagnie restante sera jointe à huit Compagnies de la Generalité de Paris, & à une autre de la Generalité de Soissons, pour former aussi un Bataillon de dix Compagnies, qui sera envoyé . . . . . . à Mezieres.

Dans la Generalité de Soissons, Onze

Compagnies, faisant Six cens soixante hommes, dont il sera composé un Bataillon de dix Compagnies, qui ira . . . . . . à Philippeville.

La Compagnie restante sera jointe à huit Compagnies de la Generalité de Paris, & à une autre de la Generalité d'Amiens, pour former aussi un Bataillon de dix Compagnies, qui sera envoyé . . . . . . à Mezieres.

Dans la Generalité de Châlons, Vingt-quatre Compagnies, faisant Quatorze cens quarante hommes, dont il sera composé deux Bataillons de dix Compagnies chacun.

Un desdits Bataillons ira . . . . . à Metz.

Et l'autre . . . . à Sarreloüis.

Les quatre Compagnies restantes seront jointes à six Compagnies de la Generalité de Dijon, pour en composer aussi un Bataillon de dix Compagnies, qui sera envoyé . . . . à Thoul & Marsal.

Dans la Generalité de Dijon, Seize Compagnies, faisant Neuf cens soixante hommes, dont il sera composé un Bataillon de dix Compagnies, qui ira . . . . à Strasbourg.

Les six Compagnies restantes seront jointes à quatre Compagnies de la Generalité de Châlons, pour en composer aussi un Bataillon de dix Compagnies, qui sera envoyé . . . . à Thoul & Marsal.

Dans la Generalité de Lyon, Huit Compagnies, faisant Quatre cens quatre-vingt hommes, qui seront jointes à deux Compagnies de la Province de Languedoc, pour en composer un Bataillon de dix Compagnies, qui ira . . . . à Beffort.

Dans la Province de Languedoc, Vingt-deux Compagnies, faisant Treize cens vingt hommes, dont il sera composé deux Bataillons de dix Compagnies chacun.

Un desdits Bataillons, ira . . . . . à Bayonne.

Et l'autre . . . . à Verdun.

Les deux Compagnies restantes seront jointes aux huit Compagnies de la Generalité de Lyon, pour en composer aussi un Bataillon de dix Compagnies, qui sera envoyé . . . . à Beffort.

Dans la Generalité de Grenoble, Onze Compagnies, faisant Six cens soixante hommes, dont il sera composé un Bataillon de dix Compagnies, qui ira . . . . à Strasbourg.

La Compagnie restante sera jointe aux neuf Compagnies de la Provence, pour en composer aussi un Bataillon de dix Compagnies, qui sera envoyé . . . . . à Huningue.

En Provence, Neuf Compagnies, faisant Cinq cens quarante hommes, qui seront jointes à une Compagnie de la Generalité de Grenoble, pour en composer aussi un Bataillon de dix Compagnies, qui sera envoyé . . . . à Huningue.

Dans la Generalité de Montauban ; Quinze Compagnies, faifant Neuf cens hommes, dont il fera compofé un Bataillon de dix Compagnies, qui ira . . . . . . à Toulon.

Les cinq Compagnies reftantes feront jointes à cinq Compagnies de la Generalité de Bordeaux, pour en former auffi un Bataillon de dix Compagnies, qui fera envoyé. . . . . à la Rochelle.

Dans la Generalité de Bordeaux, Quinze Compagnies, faifant Neuf cens hommes, dont il fera compofé un Bataillon de dix Compagnies, qui ira. . . . . à Befançon.

Les cinq Compagnies reftantes feront jointes à cinq Compagnies de la Generalité de Montauban, pour en former auffi un Bataillon de dix Compagnies, qui fera envoyé . . . . à la Rochelle.

Dans la Generalité de Riom, Dix Compagnies, faifant Six cens hommes, dont il fera compofé un Bataillon, qui ira . . . . . au neuf Brizack.

Dans la Generalité de Limoges ; Dix Compagnies, faifant Six cens hommes, dont il fera compofé un Bataillon, qui ira . . . . à Valenciennes.

Dans la Generalité de Moulins, Dix Compagnies, faifant Six cens hommes, dont il fera compofé un Bataillon, qui ira . . à Maubeuge.

Dans la Generalité de Bourges ; Sept Compagnies, faifant Quatre cens vingt hommes, qui feront jointes à trois Compagnies

Du 15. Janvier 1719

17

agnies de la Generalité d'Orleans, pour en
ormer un Bataillon de dix Compagnies,
ui fera envoyé . . . . à Condé.

Dans la Generalité d'Orleans , Treize
Compagnies, faifant Sept cens quatre-vingt
ommes, dont il fera compofé un Batail-
on de dix Compagnies, qui ira . . . à Saint Omer.

Les trois Compagnies reftantes feront
intes aux fept Compagnies de la Gene-
lité de Bourges, pour en former auffi un
ataillon de dix Compagnies, qui fera en-
yé . . . . à Condé.

Dans la Generalité de Poitiers , Dix
ompagnies, faifant Six cens hommes, dont
fera compofé un Bataillon, qui ira . . . au Quefnoy.

Dans la Generalité de la Rochelle, Cinq
ompagnies, faifant Trois cens hommes ,
feront jointes à cinq Compagnies de la
ovince de Bretagne, pour en former un
aillon de dix Compagnies, qui fera en-
yé . . . . à Arras.

Dans la Province de Bretagne, Vingt-
q Compagnies, faifant Quinze cens hom-
s, dont il fera compofé deux Bataillons
dix Compagnies chacun, qui iront, Sça-
r.
Un . . . . à Doüay & Fort
de l'Efcarpe.
Et l'autre . . . . à Valenciennes.

Les cinq Compagnies reftantes feront
tes aux cinq Compagnies de la Genera-

E

lité de la Rochelle, pour en former auſſi un Bataillon de dix Compagnies, qui ſera envoyé . . . . à Arras.

Dans la Generalité de Tours, Seize Compagnies, faiſant Neuf cens ſoixante hommes, dont il ſera compoſé un Bataillon de dix Compagnies, qui ira . . . . . à Doüay & For de l'Eſcarpe.

Les ſix Compagnies reſtantes feront jointes à deux Compagnies de la Generalité de Caën, & à deux Compagnies de celle d'Alençon, pour en former auſſi un Bataillon de dix Compagnies, qui ſera envoyé . . . à Landrecy Aveſnes.

Dans la Generalité de Caën, Douze Compagnies, faiſant Sept cens vingt hommes, dont il en ſera compoſé un Bataillon de dix Compagnies, qui ira . . . . . à Aire.

Les deux Compagnies reſtantes feront jointes à ſix Compagnies de la Generalité de Tours, & à deux de la Generalité d'Alençon, pour en former auſſi un Bataillon de dix Compagnies, qui ſera envoyé. . . . à Landrecy Aveſnes.

Dans la Generalité d'Alençon, Douze Compagnies, faiſant Sept cens vingt hommes, dont il ſera compoſé un Bataillon de dix Compagnies, qui ira . . . . à Lille.

Les deux Compagnies reſtantes feront jointes à ſix Compagnies de la Generalité de Tours, Et à deux de la Generalité de Caën, pour en former auſſi un Bataillon de dix Compagnies, qui ſera envoyé . . . . à Landrecy Aveſnes.

(Du 15. Janvier 1719.)

19

Dans la Generalité de Roüen , Vingt
Compagnies , faifant Douze cens hommes,
dont il fera compofé deux Bataillons de dix
Compagnies chacun.

Un defdits Bataillons , ira . . . . . à Calais.

Et l'autre . . . . à Bethune.

Dans la Province d'Artois, Dix Compagnies , faifant Six cens hommes, dont il
fera compofé un Bataillon, qui ira. . . à Bergues.

Dans la Generalité de Mets, Dix Compagnies, faifant Six cens hommes , dont il
fera formé un Bataillon, qui ira . . . . à Landau.

Dans le Comté de Bourgogne, Vingt-
cinq Compagnies, faifant Quinze cens hommes, dont il fera compofé deux Bataillons
de dix Compagnies chacun.

Un defdits Bataillons , ira . . . . à Landau.

Et l'autre . . . . à Thionville.

Les cinq Compagnies reftantes feront
jointes à cinq Compagnies de la Province
d'Alface , pour en former auffi un Batail-
lon de dix Compagnies, qui fera envoyé . . à Sedan & Mom-
medy.

Dans la Province d'Alface, Quinze Compagnies, faifant Neuf cens hommes , dont
il fera compofé un Bataillon de dix Compagnies, qui ira . . . . à Maubeuge.

Les cinq Compagnies reftantes feront
jointes à cinq Compagnies de la Comté de

E ij

Bourgogne, pour en former auſſi un Batail-
lon de dix Compagnies, qui ſera envoyé ... à Sedan & Mom-
medy.

Dans la haute & baſſe Flandres, Six Compagnies, faiſant Trois cens ſoixante hommes,
qui ſeront jointes à quatre Compagnies du
Haynault, pour en compoſer un Bataillon
de dix Compagnies, qui ſera envoyé . ... à Metz.

En Haynault, Quatre Compagnies, faiſant Deux cens quarante hommes, qui ſeront jointes à ſix Compagnies de la haute
& baſſe Flandres, pour en former un Bataillon de dix Compagnies, qui ſera envoyé . . à Metz.

FAIT à Paris le quinziéme jour de Janvier mil ſept cens
dix-neuf. *Signé* LOUIS. *Et plus bas ,* LE BLANC.